LE SAINT DÉNICHÉ,

OU

LA SAINT NICOLAS D'ÉTÉ,

OPÉRA COMIQUE,

EN DEUX ACTES ET EN VAUDEVILLES,

Représenté à Bordeaux, le 28 Décembre 1792; et à Paris, sur le Théâtre du Vaudeville, le 21 Mars 1793.

PAR A. P. A. PIIS, Citoyen du département de Seine et Oise.

[Les accompagnemens sont du C. EUGÈNE HUS.]

La liberté française en ses vers se déploye.
BOILEAU, *du Vaudeville*. Art poétique.

Prix : trente sols, avec la Musique.

A PARIS;

CHEZ le Libraire, au Théâtre du Vaudeville, à l'Imprimerie, rue des Droits de l'Homme, n°. 44.

═══════

1793.

PERSONNAGES.	ACTEURS.
	Les CC. et Cnes
L'INTENDANT.	Duchaume.
UN INGÉNIEUR.	Vertpré.
MATHURIN, laboureur.	David.
LUCAS, fils de Mathurin.	Henri.
DELABRECHE, ancien officier.	Bourgeois.
HORTENCE, fille de Delabrèche.	Sara-Lescot
LE CHANOINE.	Léger.
BASILE, neveu du Chanoine.	Fay.
GRIPON, ancien procureur.	Chapelle.
ROSETTE, nièce du procureur.	Reine Royer.
UN CARILLONNEUR.	Félix.
UNE PETITE FILLE.	Sophie Belmont.
VILLAGEOIS et VILLAGEOISES, etc.	

CATALOGUE

Des pièces, et autres nouveautés qui se trouvent chez le Libraire du Vaudeville, et à l'Imprimerie, rue des Droits de l'Homme, N°. 44.

Les deux Panthéons, en trois actes, par le C. Piis.
Les mille et un Théâtre, en un acte, par le C. Desfontaines.
L'Isle des Femmes, en un acte, par le C. Léger.
La Revanche forcée, en un acte, par le C. Deschamps.
Arlequin Afficheur, en un acte, des CC. Barré, Radet et Desfontaines.
Arlequin Taquin, en un acte, par les mêmes.
Favart aux Champs Élysées, en un acte, par les mêmes.
Le Petit Sacristain, en un acte, par le C. Mautort.
Piron avec ses amis, en un acte, par le C. Deschamps.
Nice parodie de Stratonice, en un acte, par le C. Desprez.
Arlequin, Tailleur, en un acte, par les CC. L. et T.
Georges et Gros-Jean, en un acte, par le C. Léger.
La Gageure inutile, en un acte, par le même.
Nicaise Peintre, par le C. Léger.
Arlequin, Friand, en un acte.
L'Heureuse Décade, en un acte, des CC. Barré, Léger et Rosières.
Le Saint déniché, en un acte, avec Musiq. par le C. Piis.
Au Retour, en un acte, par les CC. Radet et Desfontaines.
Encore un Curé, 1 acte, des CC. Radet et Desfontaines.
La Plaque retournée, en un acte, par les CC. L. et T.
Le Savetier et le Financier, en un acte, par le C. Piis.
Le Faucon, 1 acte, avec la musique, par le C. Radet.
Le Noble Roturier, 1 acte, avec musique, par le même.
La bonne Aubaine, en un acte, Musiq. par le même.
Le Prix, ou l'Embarras du Choix, 1 acte, musiq. par le même.
La Matrone d'Ephèse, en un acte, musique, par le même.
Le Canonier Convalescent, 1 acte, musiq. par le même.
La Fête de l'Egalité, en un acte, musique, des CC. Radet et Desfontaines.

Le Divorce, en un acte, musiq. par Desfontaines.
L'Union Villageoise, scène patriotique, musiq. par le le même.
Le Poste Évacué, 1 acte, musique, par le C. Deschamps.
Les Volontaires en route, 1 acte, musique, par le C. Raffard.
La Nourrice Républicaine, en un acte, avec la musique par le C. Piis.
Arlequin Joseph, 1 un acte, musique, par le C. Mautort.
Arlequin Pigmalion, 1 acte, musique, par le C. Dossion.
Les Chouans de Vitré, en un acte, musiq. par le C. Desfontaines.
Colombine Mannequin, en un acte, des CC. Baré, Radet et Desfontaines.
L'Allarmiste, en un acte, par le C. Desprez.
Le Dédit mal gardé, en un acte, par les CC. Léger, et Philipon.
L'Apothéose du jeune Barra, en un acte, par le C. Léger, pièce du Théâtre de la rue Feydeau.
Le Retour à Bruxelles, en un acte, musiq. du C. Desprez.
Etrennes Lyriques, pour l'an deux de la République, (1794, vieux style.)
La collection des mêmes, formant 14 vol.
La Consolation des Cocus, avec figures.
Les Faveurs du Sommeil, vol in-18, figures; prix 50 sols.
Chansons Patriotiques du C. Piis, avec les airs notés, vol. in-18. figure.
Nouveau Recueil de Romances, Chansons et Vaudevilles, par Berquin, avec les airs notés, vol. in-8.
Tom Jones, 4 vol. in-12. fig.
Le Guide des Actionnaires de la Caisse d'Epargnes, vol. in-18. avec tableaux.
Et autres nouveautés.

Sous presse, et qui paraîtront incessamment.

Le Sourd guéri, en un acte, par les CC. Barré et Léger.
Les Vieux Epoux, en un acte, par le C. Desfontaines.
Arlequin Cruello, par les mêmes.

LE SAINT DÉNICHÉ,
OU
LA SAINT NICOLAS D'ÉTÉ,
Opéra-Vaudeville en deux Actes.

ACTE PREMIER.

Le Théâtre représente une place de village. On y distingue quatre vieilles maisons. A droite du Spectateur, est celle de Delabrêche ; un peu plus loin, celle du Chanoine ; de l'autre côté, celle de Gripon ; en face de la première, celle de Mathurin. Au milieu, vers le haut de la scène est une fontaine antique, au-dessus de laquelle est placée, dans sa niche, la figure de Saint-Nicolas. Tout au fond sont différens chemins bordés de peupliers et terminés par un coteau. Le jour se lève.

SCÈNE PREMIÈRE.
HORTENCE, LUCAS, ROSETTE, BASILE,

tous les quatre groupés autour de la fontaine.

HORTENCE.
AIR : *Vivent les fillettes.*

Vive la fontaine,
Quand on se convient !

ROSETTE.
Le hasard y mène ;
L'amour y retient.

Tous les Quatre.
Vive la fontaine, etc.

BASILE, *à part.*
Mon oncle projette
De me faire abbé ;

A

Mais j'aime Lisette:
Qu'il est bien tombé !
Tous les Quatre.
Vive la fontaine, etc.
LUCAS, *seul.*
Et vous, belle Hortence,
Fille d'officier,
Vous gardez constance
Au fils d'un fermier.
Tous les Quatre, gagnant le milieu de la scène.
Vive la fontaine, etc.
LUCAS, *aux Amoureuses qui se rapprochent*
de la fontaine.
AIR Bordelais : *Vous qui de ma constance.*
Mais qui peut vous distraire
D'un entretien si doux ?
Ces bouquets-là, ma chère,
Pour qui les baignez-vous ?
BASILE.
Gardez-vous ces fleurettes
Pour nous récompenser ?
Ou dans vos colerettes
Devons-nous les placer ?
ROSETTE.
Ces fleurs, cette couronne,
Ni pour vous, ni pour nous :
C'est pour le saint qui donne
Quand il veut des époux.
HORTENCE.
Saint Nicolas demande
Que nous le fêtions tous :
S'il reçoit notre offrande
(*tendrement.*)
C'est pour vous, c'est pour nous.
Tous les Quatre.
S'il reçoit notre offrande, etc.

Pendant ce refrain, les amoureux aident leurs maîtresses à monter sur la fontaine, Hortance place une couronne sur la tête du saint, et Rosette un gros bouquet à son côté.

Au dernier mot du couplet, Delabrêche, Gripon, le Chanoine et Mathurin font du bruit chez eux, et ouvrent tour à tour et brusquement leur fenêtre.

ROSETTE, *sautant à terre.*

AIR: *Aussitôt que je t'apperçois.*

O ciel ! qu'entends-je ?

HORTENCE, *faisant de même.*

En ces instans,
Ma frayeur est extrême.

ROSETTE et BASILE.

Mon oncle ouvre ses contre-vents.

HORTENCE et LUCAS.

Mon père en fait de même.

Les amoureux se séparent et restent sans mouvement.

DELABRECHE, *à sa fenêtre.*

Morbleu !

GRIPON, *à sa fenêtre.*

Corbleu !

MATHURIN, *à sa fenêtre.*

Sambleu !

LE CHANOINE, *à sa fenêtre.*

Mon dieu !

MATHURIN.

Eh ! quoi, mon fils !

LE CHANOINE.

Quoi ! mon neveu !...

GRIPON.

Ma nièce !

DELABRECHE.

Ma fille !

Tous les Quatre.

Eh ! mais, c'est donc un jeu ?

(*Ils descendent.*)

HORTENCE et ROSETTE, *à demi voix.*
Ah! quelle habitude cruelle
Ils ont de faire sentinelle!

BASILE, *à Rosette.*
Au fait, un procureur.

HORTENCE, *à Lucas.*
Au fait, un laboureur.

ROSETTE, *à Basile.*
Un vrai chanoine.

LUCAS, *à Hortence.*
Un bon guerrier.

HORTENCE et ROSETTE.
Sont matineux de leur métier.

Tous les Quatre.
Sont matineux de leur métier.

On répète depuis : Au fait, un procureur, *etc.*

SCÈNE II.

Les précédens, DELABRECHE, GRIPON, LECHANOINE, MATHURIN, *sortant chacun de leur maison, et traînant un fauteuil antique, le premier, de tapisserie ; le second, de cuir noir, le troisième, de canne ; et le quatrième, de paille. Les amoureux vont au-devant, et les aident à placer leurs fauteuils près des portes de leurs maisons*

HORTENCE, *à son père.*

AIR: *Je l'ai planté, je l'ai vu naître.*

LE jour à peine vient de naître ;
Et pour jouir de sa fraîcheur,
Qui vous croyait à la fenêtre
Avant d'avoir invoqué son auteur !

Tous les Quatre, à leurs parens.
Oui, vous deviez invoquer son auteur ?

DELABRECHE.
AIR: *Du curé de Pompone.*
Eh ! mais, vraiment, rien n'est plus clair,
C'est nous que l'on sermonne.
GRIPON.
Si l'on veut prier en plein air,
Faut-il qu'on en raisonne ?

Tous les Quatre.

Ah !

L'on s'en souviendra

Mets-toi là,

Ils indiquent le dos de leurs fauteuils.
Les quatre amoureux, à voix basse, vis-à-vis les uns des autres.

La place est encor bonne.

LE CHANOINE, assis.
AIR: *Si le roi m'avait donné.*
J'ai mon bréviaire à l'instant
Que du lit je m'ôte ;
Il est vrai qu'en m'éveillant
Quelquefois j'en saute.
Mais d'abord c'est du latin ;
Puis, c'est imprimé si fin !
C'est la faute du latin,
Ce n'est pas ma faute.

DELABRECHE, *au procureur.*
AIR: *Nouveau de M. E. Hus.*
Et vous, voisin, qu'elle est votre manière ?

GRIPON.
Moi, ci-devant procureur en la cour,
Je me suis fait une courte prière,
Que vous allez connaître à votre tour.
O providence ! envers moi sois traitable :
Et, quelque jour, empêche, par pitié,
Maître Gripon d'arriver jusqu'au diable,
Auquel on l'a si souvent envoyé.

MATHURIN.

AIR : *N'en demandez pas d'avantage.*

Dieu, tant que j'ai pu labourer,
Recevait au champ mon hommage ;
J'en suis réduit à l'admirer,
Dans les détails du jardinnage ;
    Mais, ma foi,
      Je croi,
  Que le ciel, de moi,
N'en demande pas d'avantage.   (*bis*.)

DELABRECHE.

AIR : *De la forêt noire.* (du Souterrain.)

Et moi, mes bons amis, je mets
  Un genou seul en terre,
Tout comme autrefois je faisais
  La veille d'une affaire.
Vous autres, vous joignez les mains ;
Mais moi, plus fier, je dis au maître des humains :
Grand dieu ! vois un soldat, et fais pour lui, de grace, (*bis*.)
Ce qu'il ferait pour toi, s'il était à ta place. (*bis*)

MATHURIN, *aux amoureux.*

AIR : *La danse n'est pas ce que j'aime.*

Mais vous, enfans, qui vous arrête ?

Les quatre amoureux quittant leurs places pour supplier leurs parens.

Oh ! nous prions saint Nicolas,
Dont la fête a bien des appas !

HORTENCE et ROSETTE, *seules.*

Protecteur d'un penchant honnête.

BASILE et LUCAS, *câlinement.*

A fléchir un { oncle / père } il se prête.

HORTENCE et ROSETTE, *de même.*

Aussi nous le prions tout bas.

BASILE et LUCAS.

Tout haut.

HORTENCE et ROSETTE.
Tout bas.
BASILE et LUCAS.
Tout haut.
HORTENCE et ROSETTE.
Tout bas.

Les quatre Vieillards, d'un ton railleur.

Que je vous plains ! (*bis.*) le saint n'entendra pas. (*bis.*)

Les quatre Amoureux.

Même air.

Unissez-nous !

Les quatre Vieillards.

Vaine requête ;

Rentrez.

Les Amoureux se retirent doucement.

Rentrons.

GRIPON, *au Chanoine.*

Voisin !

LE CHANOINE.

Hélas !

MATHURIN, *à Delabrèche.*

Je crains pour nous force embarras.

DELABRECHE.

Leur amour est sans doute honnête ;

Mais.... (1)

Tous les quatre.

J'en ai par-dessus la tête.

GRIPON.

Ils en parlent.....

Les trois autres Vieillards.

Tout haut.

Les Amoureux.

Tout bas.

---

(1) A ce mot, les Amoureux paraissent aux fenêtres de leur maisons, d'où ils se font des signes et s'envoyent des baisers.

LE CHANOINE, seul.
Moi, je les plains.

Les Amoureux, finement.
Plaignez-nous moins.

Les parens, sans chanter et écoutant.
Hein ?

Les Amoureux.
Vous ne nous voyez pas.

Les parens ayant entendu, et s'adressant la parole les uns aux autres.
Ils ne cesseront pas.

Les Amoureux. } ensemble.
Vous ne nous voyez pas.

Les Vieillards, se retournant du côté des Amoureux.
AIR : *Chacun de nous a son devin.*
Mais nous vous entendons, j'espère.

Les Amans disparaissent.

SCÈNE III.
DELABRECHE, GRIPON, LE CHANOINE, MATHURIN.

GRIPON, seul.
Suite de l'air.

Vous fermez le volet trop tard ;
De tromper vous pratiquez l'art,
Mais, frippons, vous aurez beau faire,
Et j'en sais là-dessus
Plus que vous.

DELABRECHE.
Beaucoup plus.

LE CHANOINE et MATHURIN.
Un { oncle / père } est toujours bon devin,
Et jamais il n'écoute en vain.

Les quatre Amoureux répètent.

DELABRECHE.

DELABRECHE.
Même air.

Plus d'amour, parlons de bataille;
Hier, mon récit a cessé
A l'endroit où je fus blessé,
Lorsque l'on tirait à mitraille.

MATHURIN, *se rappellant.*
Justement.

GRIPON et **LE CHANOINE**, *faisant de même.*
Précisément.

DELABRECHE, *au procureur, et montrant un banc de pierre qui entoure la fontaine.*
Mettez-vous là, mon cher voisin;
Je vais vous en conter la fin.

Les trois autres.
Très-volontiers, mon cher voisin;
Je brûle d'en savoir la fin. (*Ils vont s'asseoir.*)

DELABRECHE, *indiquant du doigt sur la terre.*
Rappellez-vous que ce terrein,
N'est pas bien loin de ce ravin;
Et que mille chevaux, envoyés à dessein,
Sont venus au galop nous barrer ce chemin.

Les trois autres.
Fort bien, mille chevaux...

DELABRECHE, *appuyant.*
Envoyés à dessein!

Les trois autres.
Sont venus.... au galop....

DELABRECHE, *de même.*
Nous barrer ce chemin!

Tous les Quatre.
Sont venus au galop { vous / nous } barrer ce chemin.

B

DELABRECHE, *seul.*

AIR: *Quand on est mort c'est pour longtems.*

J'étais avec mon esponton,
A la tête d'un peloton,
Qui faisait front
Devant un buisson.

SCENE IV.

Les précédens, FIER-VIL, *tenant en main un jalon. Il entre sans être apperçu des Vieillards.*

DELABRECHE.
Suite de l'air.

Voila que l'on braque un canon....

FIER-VIL, *arrivé près de l'officier, plante son jalon en terre avec force*

DELABRECHE, *se retournant.*

A la même distance, où monsieur, sans façon,
D'un geste un peu prompt,
Plante son
Bâton.

FIER-VIL, *parcourant la scène d'un air détaché, et sans prendre garde aux Vieillards.*

AIR: *De la caracoua.*

Oh! oui, c'est bien ce lieu, je pense,
Que l'Intendant veut embellir,
Alors, sa maison de plaisance,
Pourra de loin se découvrir.
C'est moi qui ferai la dépense
De tous les arbres qu'il faudra.
J'en plante ici, j'en plante là.
(Se frottant les mains.)
Je vois déjà,
Le cours Saint-Nicolas,

Les Vieillards, l'observant, humblement.

Monsieur..... pardon de la licence.....
Qu'est-ce donc que vous plantez là ?

FIER-VIL, *au fermier.*

AIR : *En revenant de Bâle en Suisse.*

Serait-ce à vous, cette chaumière ?

MATHURIN.

Oui dà, monsieur, qu'en dirons-nous ?

FIER-VIL.

Mon cher, je ne saurais qu'y faire ;
Mais dans une heure, voyez-vous,
   Je la jette à bas,
   Comme un vrai galetas,
   Dont vous ne pouvez pas
   Faire au fond grand cas.

      (*Il prend à part le procureur.*)
    Même air.

Serait-ce là votre bicoque ?

GRIPON.

Comment bicoque !

FIER-VIL.

    Assurément.

Que ce mot vous plaise ou vous choque,
Je vous le dis confidemment ;
   Je la jette à bas, etc.

      (*Il prend à part le Chanoine.*)
    Même air.

Pour vous, c'est là votre masure ?

LE CHANOINE, *avec componction.*

Cet humble toit me sied, me plaît.

FIER-VIL, *sur le même ton.*

C'est bien malgré moi, je vous jure,
Que pour le public intérêt.....
   Je la jette à bas, etc.

Même air.

(*Il prend à part le militaire.*)

Est-ce là votre maisonnette ?

DELABRECHE, *d'un ton fier.*

Parlez-en mieux : Henri, vraiment,
A mon ayeul, pour sa retraite,
 En fit présent,
 L'an mil six cent.

FIER-VIL, *parlant.*

L'an mil six cent ! oh ! parbleu ! monsieur....
Je la jette à bas, etc.

(*Il va pour sortir.*)

Les Vieux.

AIR : *Ne m'entendez-vous pas.*

Rendez-nous compte....

FIER-VIL, *fatigué de leur sollicitation.*

Hélas !

Vous devez bien m'entendre,
Quel compte ai-je à vous rendre ?
 Monseigneur en ce cas
 Lui-même n'en rend pas.

(*Il sort en emportant son jalon.*)

SCÈNE V.

LES VIEILLARDS, *après un moment de stupéfaction, parcourent la scène avec fureur.*

AIR : *D'un tambourin de Rameau.*

Quoi, morbleu ! nous traiter ainsi,
 Nous traiter ainsi,
  Mon ami !
Je sens bouillonner, oui,
Bouillonner le sang dans mes veines.

(*Ils s'arrêtent tout-à-coup.*)

GRIPON.

Il faut rendre, et dès aujourd'hui,
Ses menaces vaines.

DELABRECHE.

C'est un fripon.

Les trois autres.

Oui.

DELABRECHE.

Un coquin, oui ;
Mais gare à lui !

GRIPON.

Un long procès....

Les trois autres.

Oui, mon ami.

MATHURIN.

Cent coups de gaule....

Les trois autres.

Oui, mon ami.

LE CHANOINE.

Un bon sermon....

Les trois autres.

Oui, mon ami.

DELABRECHE.

La pointe au corps....

Les trois autres.

Oui, mon ami. (*Trois fois*)
(*Ils tombent dans leurs fauteuils.*)

SCÈNE VI.

Les précédens, LES AMOUREUX.

AIR : *Nouveau.*

Ah ! dans quel état je vous vois !
Quelle paleur soudaine,
Calmez-vous, et sachons pourquoi
Vous respirez à peine ?

DELABRECHE, *se levant brusquement.*

Qui l'eût pu prévoir,
Qu'un commis à face inconnue,
Fier de son pouvoir,
Nous vexerait sans retenue !

GRIPON, *aux Amoureux.*

Si le projet noir
De ce coquin là s'effectue,
Vous et nous, ce soir,
Il nous faut coucher dans la rue.

HORTENCE et ROSETTE.

Ah ! mon père, c'est s'offenser,
Ah ! mon oncle, c'est s'offenser,
D'un projet impossible.

BASILE et LUCAS, *montrant leurs maîtresses.*

Il faudrait pour les y forcer
Etre bien insensible.

Les quatre Vieux, avec colère.

Quand on vous dit
Qu'à bon droit on s'afflige ;
Qu'un agent maudit,
Que l'Intendant dirige,
Sans nul répit,
Et comme par vertige,
A fuir notre réduit
Nous oblige.

BASILE et LUCAS, *faisant comme s'ils comptaient de l'argent.*

Mais il se peut que l'on transige....

HORTENCE et ROSETTE.

Un placet
Fait
Par fois autant d'effet.

Les Vieux.

Oh ! c'est trop cher quand on transige.
Un placet
Fait

Toujours meilleur effet.
LE CHANOINE.
La douceur, la douceur me plait,
J'adopte son précepte.
MATHURIN, *faisant le geste de la bastonnade.*
Nous voulions le.... mais un placet....
Tous.
Plus volontiers s'accepte.
DELABRECHE.
AIR: *Nouveau, des Billets doux.*
Fort bien ; mais qui le dictera ?
LE CHANOINE.
Fort bien ; mais qui le portera ?
GRIPON.
Voudra-t-il bien le lire ?
MATHURIN.
Eh ! messieurs, de ces choses là,
Pourquoi vous occuper déjà ?
Commencez par l'écrire.
Tous.
Commençons par l'écrire.
DELABRECHE.
AIR : *J'ai du bon tabac.*
J'ai de bons canifs, j'ai de bonnes plumes,
J'ai du papier blanc....
Mais le poignait tremblant.
LE CHANOINE, *montrant son bréviaire.*
Moi, j'ai les yeux un peu délicats.
J'ai tant lu....
LUCAS, *à part.*
Ce qui ne se dit pas.
GRIPON.
J'ai de la bonne encre, et propre à nos coutumes;
Mais, les doigts perclus,
Me sont restés crochus.

LUCAS

AIR : *De la contre-danse des plaisirs de Châtenai.*

Ah ! si dans l'art de l'écriture,
J'étais aujourd'hui plus savant,
Ce ne serait pas, je vous jure,
Pour gagner monsieur l'Intendant.
    (à part, à Hortence.)
  Le joli placet
Que mon cœur t'offrirait !
En deux mots, il tiendrait :
Mariez-vous ? suffirait.

HORTENCE.

Ah ! j'y répondrais tout de suite.

Les parens.

Ah ! laissez donc là vos amours.

BASILE, *qui a été chercher tout ce qu'il faut pour écrire.*

Je suis tout prêt : dictez vite.

MATHURIN.

Qu'est-ce à dire ? écris toujours.

BASILE.

C'est mon oncle ici que j'invite
A nous prêter un prompt secours.

LE CHANOINE, *dictant.*

Mets : à monseigneur, monseigneur....

DELABRECHE, *vivement.*

  Monseigneur !
  Quelle horreur ?
  Monseigneur !
  Non, d'honneur,
  J'ai du cœur.

LE CHANOINE.

Flattons, croyez moi, l'homme en place.

DELABRECHE et GRIPON.

Non, c'est avilir tous nos droits.

                BASILE.

BASILE.
Comment faut-il que je fasse ?
Vous criez tous à la fois.

MATHURIN, *s'emparant du papier.*
Tiens, déchire ta paperasse.
Le voir est plus sûr.

LE CHANOINE.
Je le crois.

Tous les Quatre.
Oui, quand ce n'est point une grace,
Il faut plaider de vive voix.

BASILE, *à part.*
AIR : *Il est minuit, séparons-nous.*
Offrons-leur, mes bonnes amies,
D'aller tous les quatre, pour eux,
Chez l'Intendant porter nos vœux :
   Ils sont si vieux,
   Vous, si jolies,
   Vous plaiderez mieux
Notre cause à tous, avec vos yeux. *(Lis.)*

HORTENCE et ROSETTE.
AIR : *Nouveau, de M. LAMBERTI.*
   Oui, restez,
   Permettez
   Que l'on vous évite
   Un trait...

Tous les quatre.
   Qu'à regret,
Toujours, à votre âge on fait.

Les Vieillards.
   Les frippons !
   Nous voyons
   Quel soin vous agite :
   Ces messieurs
   Sont pour eux,

Plus que pour vous généreux.
(*Aux jeunes gens.*)
Non, restez.

Les Amoureux.
Permettez, etc.

GRIPON et DELABRECHE, *aux deux autres Vieillards.*
Devons-nous,
Croyez-vous,
Approuver la chose ?

ROSETTE et HORTENCE.
Quel besoin,
Que si loin,
Mon { père / oncle } s'expose ?

MATHURIN et LE CHANOINE.
Nos enfans.

Les deux autres.
Sont pressans.

Les premiers.
Et nos ans....

Les deux autres.
Sont pesans....

Les premiers.
Consentons.

Les deux autres.
Oui, cédons.

Tous les quatre, aux Amoureux.
Nous restons.

Les Amoureux, vivement.
Nous partons.
(*Ils font une fausse sortie et se trouvent tous les quatre en face des Vieillards.*
Chers parens,
Vos enfans
Auront gain de cause ;
Ils vont tous,

C'est bien doux,
Se mettre en avant pour vous.

Chœur de villageois, qu'on apperçoit dans le lointain.

AIR : *Du berger, dans Nina.*

Ah ! dans ces lieux,
Courons parer la fontaine
Du bienheureux
Qui, des cieux,
Voit et protège nos feux....
Tous bien amoureux,
Offrons-lui nos vœux,
Deux à deux.

Les Vieillards, hors le Chanoine.

Quoi ! qu'est-ce encor ?

LE CHANOINE.

Ceux
Que la fête du jour amène.

DELABRECHE et GRIPON.

Autre gêne !

Tous les quatre.

Rentrons.
Sur nos fronts
Aisément ils liraient notre peine.

Ils rentrent chez eux, en important leurs fauteuils.

SCÈNE VII.

Troupe de Villageois des deux sexes et de tout âge, qui descendent le coteau au son d'une musette.

Suite de l'air ci-dessus.

Ah ! dans ces lieux,
Courons parer la fontaine
Du bien-heureux
Qui, des cieux,
Voit et protège nos feux.

(20)

Tous bien amoureux,
Offrons-lui nos vœux,
Deux à deux.

On pare la fontaine de différentes offrandes. Troupe de Matelots, qui arrivent avec leurs femmes par la première coulisse à gauche des spectateurs, ayant à leur tête le Carillonneur du village.

LE CARILLONNEUR.
AIR: *de Iris.*

QUAND nous portons au pa-tron du vil-la-ge, Et notre hom-mage, et nos cœurs et nos dons, Mon caril-lon est bon à mettre en u-sa-ge, Mon carillon prend le ton d'un ri-gau-don.

UNE PETITE FILLE.

Dis matelots, par un antique u-sa-ge, Dans tous les tems vous fûtes le renfort: Notre innocence est en butte à l'o-ra-ge, Et cet o-ra-ge à notre âge, Est bien fort.

En CHŒUR, avec les femmes.

Veuil-lez, grand saint, qu'é-cha-pant au nau-fra-ge, Jus-qu'à l'hymen elle ar-rive à bon port.

(*Majeur de l'air.*)   Tous.
Quand nous portons, etc.

On danse, et l'on rep end ensuite le chœur, sur lequel ces deux troupes se retirent en chantant jusques dans la coulisse.

SCÈNE VIII.

HORTENCE, LUCAS, ROSETTE, BASILE,
accourants sur la scène.

ROSETTE.

AIR: *Pauvre petit, qu'il est gentil.*

Où sont-ils donc ?

HORTENCE.

Dans leurs logis.

LUCAS

Frappons.

BASILE.

Ouvrez : c'est votre fils.

SCENE IX.

Les précédens, leurs Parens, se montrant à chaque porte.

Eh ! bien ?

Les Amoureux.

Oh ! c'est un honnête homme !
Venez, vous saurez comme
Il nous a reçu poliment.
A diner même il vous attend.

Les Vieux.

Comment,
A diner, il m'attend ?

Les Amoureux.

Vraiment.

Les Vieillards.
Oh ! c'est un honnête homme.
Les Amoureux. } ensemble.
Oh ! c'est un honnête homme.

HORTENCE.
Il est affable.

BASILE.
Il est humain.

ROSETTE.
Il veut tout finir pour demain.

LUCAS, *à son père.*
Il m'a même serré la main !

BASILE.
Il dit que Rose est fort jolie
LUCAS. } ensemble.
Il dit qu'Hortence est fort jolie.

Les Vieux.
Tu dis qu'à dîner il nous prie ?
Oh ! c'est un honnête homme !

Tous.
Oh ! oui, je le parie.

MATHURIN.
Moi, dîner chez un intendant !

DELABRECHE.
Mon épée à pomme d'argent.

GRIPON.
Ma canne à corbin, promptement.

LE CHANOINE.
Mon manteau long, mon colet blanc.

DELABRECHE.
Mais reste à savoir comme
Chez un si galant homme,
Nous nous rendrons ?

HORTENCE, *montrant les deux Amoureux qui ont été chercher une chaise-à-porteur et l'âne du fermier.*
Voici comment.

BASILE.
J'ai tout prévu, chemin faisant.

LUCAS.
Mon père, prenez votre ânon.

MATHURIN, *tirant son fils à part.*
Dis donc ?
A-t-il eu de l'avoine ?

LUCAS.
De l'avoine, non,
Du son.

MATHURIN, *à haute voix.*
Je le prête au Chanoine.

LE CHANOINE.
Non, non.

MATHURIN.
Je le prête au Chanoine.

(Basile force le vieux procureur à accepter son bras gauche, et tire de sa main droite l'âne, sur lequel est monté le Chanoine. Lucas, porte son père, Mathurin, sur ses épaules : Hortence et Rosette portent Delabrèche dans sa chaise.)

CHŒUR et VAUDEVILLE.
Les quatre Vieillards.
AIR : *D'une contre-danse connue.*

C'est téméraire,
C'est imprudent,
De porter de cette manière !
L'un portant l'autre, dans ce moment,
Nous risquons tous également.

BASILE et ROSETTE, *au Chanoine.*
Votre monture est débonnaire,
Et le pavé n'est pas glissant.

HORTENCE et LUCAS, *à Mathurin et à Delabrèche*
Pensez-vous donc que d'un bon père,
Le fardeau soit jamais pesant !

Les Vieillards.
C'est téméraire, etc.

Les Amoureux.
Laissez-nous faire,
Chez l'Intendant,
Nous irons de cette manière:
L'un portant l'autre, dans ce moment,
Nous ne risquons aucunement.

Fin du premier Acte.

ACTE SECOND.

ACTE SECOND.

Même décoration qu'au premier Acte, excepté les maisons qui sont abattues.

SCÈNE PREMIÈRE.

FIER-VIL, *Troupe de Paysans, encore occupés aux décombres, et grouppés de différentes manières.*

FIER-VIL.
AIR : *Provençal.*

Mes amis, vous avez fini l'ouvrage.
A payer comptant, malgré l'usage,
En vérité, tant de zèle m'engage,
De vos travaux partagez le prix.
       Un Ouvrier.
    J'avons mis,
  Morgué, tout not'courage :
V'la comm' on travaill' dans not'pays.
De quatre bâtimens détruits,
Voyez-vous les moindres débris ! (*bis pour tous.*)
       Un autre.
Ventregué, moi, je sis tout en nâge,
Mais j'sens ben qu'ça n'empêcherait pas
Qu'avec la fille au gros Thomas
J'puissions encor tricoter l'pas.

FIER-VIL.
Il a parbleu raison : c'est mon système :
Prenant par le bras celle qu'il aime,
Qu'ici chacun de vous fasse de même,
Le jour est déja sur son déclin.
    Dans le bois voisin
   Qu'irait-on faire ?

D

Il vaut mieux qu'une ronde en refrain
Etrenne à l'instant le terrain. (ter.)
Un troisième Ouvrier.
Va comme il est dit, veux-tu ma chère.
Une Paysanne.
Eh! oui dà, ton air me met en train.
Tous.
Voici ma main. (quatre fois.)
La ronde s'établit.

FIER-VIL.
AIR : Nouveau.
Avant d'avoir le frais ombrage, (bis pour tous.)
Dont à l'entour on a besoin,
On aura chaud longtems, je gage,
Mais la fontaine n'est pas loin. (bis pour tous.)
Une Paysanne.
Au village, on voit en famille, } bis pour tous.
Plaisir et raison de moitié.
La même.
Chez nos jeunes gens, l'amour brille, } bis pour tous.
Chez nos vieillards c'est l'amitié.
Une autre Paysanne.
Reste à savoir si le saint pense } bis pour tous.
Que ce plaisir soit innocent.
La même.
Mais profitons de son silence, } bis pour tous.
S'il ne dit mot, c'est qu'il consent.

FIER-VIL.
AIR : Monseigneur, voyez nos larmes.
Monseigneur ici s'avance,
Cessez.... cessez votre danse :
Le Chœur.
Retirons-nous en silence,
Pour qu'il soit libre en ces lieux.
Ils sortent tous.

SCÈNE II.

FIER-VIL, *seul.*

Mais quel air, sa contenance
Me force à baisser les yeux.
Oh! les vieux
Ont dit, je pense,
Qu'avec un peu d'arrogance,
J'ai dépassé l'ordonnance,
Filons : je crains son courroux....

SCÈNE III.

L'INTENDANT, *Les quatre Amoureux*, FIER-VIL.

L'INTENDANT.
Suite de l'air.

Non, non, votre offense
Doit s'éclaircir devant tous.

FIER-VIL.
Monseigneur.... (à part.) Je suis en transe.

L'INTENDANT, *aux Amoureux.*
Il prévoit la remontrance....

FIER-VIL.
Monseigneur, croit-il ?....

L'INTENDANT.
Silence.
J'en crois ces gens plus que vous.
Air : Nouveau.
On eut dit, rien qu'à vous entendre,
Que de mon chef, dans ce quartier,
J'allais tout renverser, tout prendre,
Sans rendre compte et sans payer....

(28)

Voilà donc comme avec audace
Vos pareils, croyant nous servir,
Compromettent les gens en place,
Au lieu de les faire chérir.

AIR: *De la Soirée Orageuse.*

Or sus, monsieur l'homme de bien,
Sortez, cela doit vous suffire.

FIER-VIL.

Monseigneur a, je le vois bien,
Toujours le petit mot pour rire.
(*à part.*) Ah! qu'il est dur de recevoir,
Et devant eux, la réprimande!
Mais à quelqu'autre, avant ce soir,
Il faudra bien que je la rende. (*Il sort.*)

SCÈNE IV.

L'INTENDANT, HORTENCE, ROSETTE, LUCAS, BASILE.

L'INTENDANT, *prenant les Amoureux par la main.*

AIR: *De Piis.*

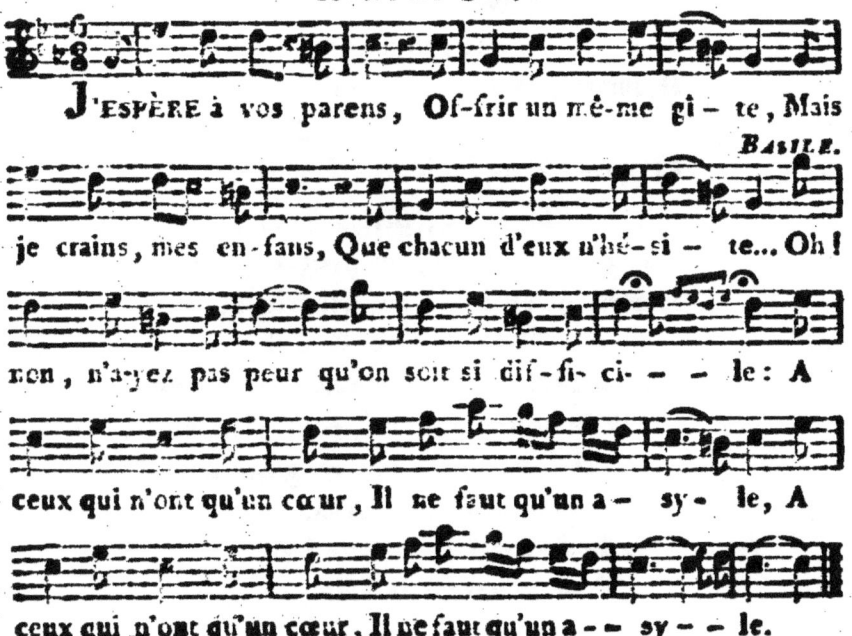

J'ESPÈRE à vos parens, Offrir un mê-me gî-te, Mais

BASILE.

je crains, mes en-fans, Que chacun d'eux n'hé-si-te... Oh!

non, n'ayez pas peur qu'on soit si dif-fi-ci-—-le: A

ceux qui n'ont qu'un cœur, Il ne faut qu'un a-sy-le, A

ceux qui n'ont qu'un cœur, Il ne faut qu'un a-—sy-—le.

L'INTENDANT.
Même air.

Bien qu'à votre bonheur
Tendent mes stratagèmes,
Peut-être, au fond du cœur
M'en voudrez-vous vous mêmes ?...

Les quatre Amoureux, vivement.

Oh ! non, n'ayez pas peur
Qu'on soit si difficile,
Nous n'avons tous qu'un cœur, } *bis.*
Nous n'aurons tous qu'un asyle.

L'INTENDANT.
AIR : *Mon honneur dit.*

Mais la nuit vient ; son voile favorable
Sert mon projet, bien loin de l'empêcher ;
Et vos parens, qui sont restés à table,
Vont être ici conduits par mon cocher....

Les Amoureux, à part.

Vont être ici conduits par son cocher !

L'INTENDANT.

Pour les guetter, derrière la fontaine
Il suffira, je crois, de vous ranger....
    (*Montrant la niche.*)
Et quant à moi, je tiendrai là sans peine.

Les Amoureux, devinant son projet.

Oh ! c'est bien dit, on peut le déloger ;
Il n'est qu'en bois ! on peut le déloger...

HORTENCE.

AIR : *Où le mettrons-nous, ma commère.*

Où le mettrons-nous, pour bien faire,
Où le mettrons-nous, ce grand saint ?

LUCAS.

Je le mettrais dans mon jardin,
 Vous m'entendez bien,
Vous me comprenez bien ;

Mais vous voyez, la chose est claire;
Je n'en ai plus que le terrain.

(Ils descendent le saint.)

ROSETTE.

Portons-le dans la grange à Pierre.

HORTENCE.

Non ; dans la vigne à Simonin,
Il garantira son raisin,
　Vous m'entendez bien,
Vous me comprenez bien.

BASILE.

Il serait mieux au presbitère.....
Mais, par malheur, il est trop loin.

L'INTENDANT.

Eh ! mais, voilà bien du mystère ;
Où le mettrez vous donc enfin ?

BASILE.

Près de la croix du grand chemin,
　Vous m'entendez bien,
Vous me comprenez bien :
Et, dans sa demeure ordinaire,
Nous le rétablirons demain.

(Ils vont pour emporter le saint.)

L'INTENDANT.

Prévenez la paroisse entière,
Mes gens et le notaire Alain,
De se porter au pré voisin......

Les Amoureux.

　Nous entendons bien,
Nous vous comprenons bien....

L'INTENDANT.

Du reste je fais mon affaire,
Et vous saurez tout à la fin.

(Ils emportent Saint-Nicolas.)

SCÈNE V.

L'INTENDANT, seul.

AIR : *Toujours de tes rigueurs.*

Excusez cher patron,
Soutien de nos familles :
De marier les filles
Vous avez le renom :
Comme vous, j'aime à croire
Que j'y peux réussir ;
Conservez en la gloire,
J'en aurai le plaisir.

Vous fûtes, autrefois,
Un pasteur exemplaire ;
Je servirai de père
A ces bons villageois.
De mes droits, près des vôtres,
Mon cœur doit s'applaudir,
Vous bénissiez les autres,
Et l'on va me bénir.

SCÈNE VI.

L'INTENDANT, HORTENCE, ROSETTE, LUCAS, BASILE.

Les Amoureux, gaîment.

AIR : *Et puis ils prirent le cochon.*

Nous n'avons pas été longtems.

L'INTENDANT.

Paix, j'entends ma voiture.
(*Il va pour sauter dans la niche, et s'arrête.*)

Mais il faudrait à vos parens
Déguiser ma figure.
LUCAS.
Oh! j'en sais bien
Le vrai moyen,
Mais c'est qu'en user
Serait abuser....
L'INTENDANT.
Non.....
BASILE, à Lucas.
Je le soupçonne à demi,
Mon ami.
HORTENCE et ROSETTE.
Et moi, je le devine aussi;
Le voici.
(Elles détachent leurs tabliers.)
(La lune se lève peu à peu.)
HORTENCE.
Même air.
Pour mieux ressembler au patron,
D'abord, je vous conseille
De passer ce tablier.....
L'INTENDANT.
Bon.
ROSETTE.
Et cet autre.....
L'INTENDANT.
A merveille....
ROSETTE.
Prenez encor
Cette croix d'or....
BASILE, *fouillant à sa poche, où était le bonnet du Chanoine.*
Prenez ce bonnet
Que mon oncle met.
LUCAS,

LUCAS, *appercevant un croissant oublié par les travailleurs.*
Moi, je veux vous croquer aussi,
De ceci.

L'INTENDANT, *souriant.*
A la façon de barbari, grand merci.

Il saute dans la niche, et les jeunes gens se groupent derrière la fontaine, en chantant sur la fin de l'air précédent.

Voilà Saint-Nicolas ! c'est lui !
C'est bien lui !
(*Avec l'Intendant.*)
A la façon de barbari,
Mon ami.
(*On entend la voiture de l'Intendant.*)

SCÈNE VII.

Les précédens, **LABRECHE, MATHURIN, GRIPON** et **LE CHANOINE**, *dans la coulisse.*

GRIPON, *bredouillant d'ivresse.*

AIR : *Les jésuites n'auront par la tour de Saint-Nicque, etc.*

COCHER, sans réplique,
Mettez-nous à bas.

LE CHANOINE.
Nous n'avons plus que deux pas....
Nous voyons Saint-Nicque, Nicque, Nicque.

DELABRECHE et **MATHURIN.**
Nous n'avons plus que deux pas....

Tous les Quatre.
Nous voyons Saint-Nicolas.

DELABRECHE, *entre et cherche sa maison.*
AIR : *Elle est morte la vache à Panier.*
Que par fois le clair de lune est gris !
Que la nuit rend les objets petits !

E

Mais pourtant je suis
Près de mon logis.....
Holà, mes amis!
Mes bons amis!
Mes chers amis!

MATHURIN, *dans la coulisse.*

Un moment.... Qu'est-ce ? allez vous coucher....
Nous donnons, nous, pour boire au cocher.

DELABRECHE, *à Mathurin qui paraît.*

AIR : *L'avez-vous vu mon bien aimé.*

L'avez-vous vu ?

MATHURIN.
Quoi ?

DELABRECHE.
Ma maison,
Qui n'est plus à sa place.

MATHURIN.
Mon cher, vous perdez la raison,
Rangez-vous que je passe.
(*Il va pour chercher sa maison.*)
Eh ! mais, vraiment, c'est singulier....
Où diable est donc mon escalier ?
Descends, mon fils.... Viens, mon garçon,
Viens m'éclairer, de grace....

DELABRECHE et MATHURIN, *à Gripon qui entre.*
L'avez-vous vu ?

GRIPON.
Quoi !

DELABRECHE et MATHURIN.
Ma maison,
Qui n'est plus à sa place.

GRIPON, *d'un air riant.*
Ce que c'est que l'effet du vin,
Tous deux, vous cherchez le chemin,

(*Moi*) Je pousse ma porte..... et soudain
Tout droit j'y passe. (*Ne rencontrant rien, il tombe à plat ventre.*)

Aye!... Aye! voilà qui m'embarrasse....

Tous les Trois, au Chanoine qui paraît.
L'avez-vous vu?

LE CHANOINE.
Quoi?

Les Trois autres.
Ma maison,
Qui n'est plus à sa place.

LE CHANOINE.
Vous avez bu, mon cher Gripon,
Il faut qu'on vous ramasse. (*Il le relève et va ensuite pour chercher son logis.*)
Quel brouillard! on ne s'y voit pas...
Je tâte en haut, je tâte en bas;
J'ai beau marcher, à chaque pas,
Mon mur s'efface. (*se tournant du côté de la fontaine.*)
Mais pourtant je suis en face.

GRIPON, *assis au bas de la fontaine*; MATHURIN, *lui adressant la parole*; LE CHANOINE, *à l'Intendant, qu'il prend pour Saint-Nicolas*; *et* DELABRECHE, *au public sur le devant de la scène.*

Passans, c'est une trahison,
Qui pour le coup me lasse,
N'auriez-vous point vu maison,
Qui n'est plus à sa place?

LUCAS, *sortant de derrière la fontaine.*
AIR: *Vive le vin, vive l'amour.*
Tenez, mon père, il est certain
Que vous avez d'un fort bon vin
Prit une dose peu commune;
Et cela fait que sur la brune,
L'œil troublé.....

Les quatre Vieux.
Mauvaises raisons.

MATHURIN.
Quand on a bu, l'on se voit deux maisons;
Et je ne m'en vois pas même une.
Tous les Quatre répètent.
Quand on a bu, etc.

HORTENCE et ROSETTE, *sortant à leur tour de derrière la fontaine.*
AIR : *Du libéra de la Bourbonnaise.*
C'est une ruse honnête
Du saint dont c'est la fête.

Les Vieillards.
Du saint dont c'est la fête.

HORTENCE et ROSETTE.
Il a mis dans sa tête
Que l'on nous mariera....

Les Vieillards.
Bah ! bah ! bah ! bah !

Les Amoureux.
Voyez-le qui s'apprête....

Les Vieillards.
Que je serais donc bête,
Si je tournais la tête
Pour regarder cela !
(*Ils rient.*) Ah ! ah ! ah ! ah !
Si je tournais la tête
Pour regarder cela.

HORTENCE, *à son père.*
Vous doutez du mystère.
Que diriez-vous, mon père ? (*bis.*)
Si le saint débonnaire
Vous fait ce signe là ? (*Elle incline la tête.*)

Les Vieux, haussant les épaules.
Ah ! ah ! ah ! ah !

S'il le fait sans murmure,
Nous allons tous conclure....
Mais voyons donc cela..... (*l'Intendant incline la tête, comme la statue dans le festin de pierre, et tous également demeurent pétrifiés, dans une attitude grotesque.*)
Ah ! ah ! ah ! ah !
Quelle étrange avanture !
Quel miracle est cela !

Les Amoureux, éclatant de rire.
Ah ! ah ! ah ! ah !
La plaisante figure
Que tous quatre ils font là,
Ah ! ah ! ah ! ah !

SCÈNE VIII et dernière.

Les précédens, UN NOTAIRE, PAYSANS et PAYSANNES; DOMESTIQUES de l'Intendant, *avec des flambeaux à la main.*

L'INTENDANT, *après avoir jetté son travestissement et fait signe au village d'approcher.*

QUE votre signature
Soit mise à l'instant là. (*Le Notaire oblige les Vieillards à signer. L'Intendant présente un grand porte-feuille, dont Gripon va pour s'emparer.*

AIR : *C'est ce qui me console.*
Voici quarante mille francs,
Dont moitié pour ces chers enfans.

Les Amoureux et les Vieillards.
O ciel ! quelle surprise.   (*bis.*)

Les Amoureux, à l'Intendant.
Croyez qu'un bienfait aussi doux
De plaisir nous enivre....

Les Vieillards.
              Et nous ;
C'est ce qui nous dégrise.   (*bis.*)

(38)

GRIPON.
AIR: *Du vaudeville des Chasseurs.*
Mais nos maisons....

L'INTENDANT.
Je les remplace
En vous offrant un fief entier.
(*à Mathurin.*) Vous, au niveau de la terrasse,
Vous logerez. (*à Delabrêche.*) Vous, au premier.
(*à Gripon.*) Vous, au second. (*aux Amoureux.*) Vous, chez vos
pères.

LE CHANOINE.
Et moi, monsieur !....

L'INTENDANT.
Tout naturel :
Nous vous logerons près du ciel,
Dans le quartier de vos affaires.

Tous.
Comme il arrange les affaires !

VAUDEVILLE.

MATHURIN.
AIR: *de Piis.*

Chantons, dansons compè-re; Mais dansons tous en rond,
C'est la bon-ne ma-niè-re de chommer le pa-tron. Sa fê-te
so-lem-nel-le Ne vient qu'une fois l'an, Et c'est tous les jours
cel-le de l'homme bien-fai-sant.

CHŒUR.

Chantons, dansons { Mon père, Compère, Ma chère, } etc.

L'INTENDANT.

On ne comprendra guère,
(Tant le miracle est grand!)
Qu'on ait jamais pu faire
Un saint d'un Intendant.

Les Vieilards, parlant.

Quoi! monsieur, c'était vous?....

L'INTENDANT, *parlant.*

Oui, messieurs, j'étais Saint-Nicolas....

CHŒUR.

Chansons, dansons { Mon père, Compère, Ma chère, } etc.

DELABRECHE.

Tous les ans, par sa grace,
Fais un petit soldat,
Qui devienne à ma place
Le soutien de l'état.

CHŒUR.

Chantons, dansons, etc.

GRIPON.

Si dans sa niche obscure,
Il ne rentre bientôt,
Il sera, je vous jure,
Condamné par défaut.

CHŒUR.

Chantons, dansons, etc.

LE CHANOINE, *obsédé par des villageoises qui l'invitent à danser.*

J'avois encor à dire
L'office *ad virginem.*
Mais je me sens induire
In tentationem.   (*Il danse.*)

CHŒUR.
Chantez, dansez, etc.

BASILE et ROSETTE, *au Public.*
Vous devinez, je gage,
Notre dernier refrain;
L'auteur, suivant l'usage,
Prêche ici pour son Saint.

HORTENCE et LUCAS, *au Public.*
Son but est de vous faire
Répéter sa chanson,
Et s'il a su vous plaire,
Servez lui de patron.

CHŒUR GÉNÉRAL.
Vous devinez je gage, etc.

Fin du second et dernier Acte.

Contraste insuffisant

NF Z 43-120-14

www.ingramcontent.com/pod-product-compliance
Lightning Source LLC
Chambersburg PA
CBHW070703050426
42451CB00008B/473